Praise for previous v

'Angus Peter Campbell ha̶ ̶s̶ ̶ ̶ ̶ ̶ ̶ ̶ ̶ ̶ ̶ ̶ ̶ ̶ ̶ ̶ ̶ ̶ ̶ ̶ ̶s
Murray

'A masterpiece' – Sorley MacLean

'I'm sure it's the most moving and impressive collection I've ever seen from a writer unknown to me till now . . . Angus Peter Campbell has a very considerable gift indeed' – Norman MacCaig

'His writing is beautiful and limpid. He has a great dynamism, a great facility for words. He seems to be writing at the height of his powers' – Meg Bateman

'I can only say that reading Angus Peter Campbell's latest collection has been a privilege. This is a genuine and exciting voice of Scotland, full of passion, intelligence and honesty' – A. L. Kennedy

'If having a unique voice and things to say in that voice are qualifications for literary excellence – as they are – Angus Peter Campbell passes with room to spare' – Roger Hutchinson

'Extraordinary imaginative writing' – Tom Boncza-Tomaszewski, *The Independent*

'The most insightful, passionate, humorous manifesto for the role of poetry that I've heard in a long time' – Susan Mansfield, *The Scotsman*

'Campbell is a European writer: well read in European literature, he can connect his home with a wider cultural context. He is a vitally important writer' – *New Statesman*

'A startling achievement. *An Oidhche Mus Do Sheòl Sinn* is a joy to read, moving and beautifully written' – *The List*

'Tha an stoidhle-sgrìobhaidh a' cosnadh àite dhan leabhar seo shuas air an sgeilp eadar-nàiseanta, ri taobh obair sgrìobhaichean mar Louis de Bernières, Laura Esquivel, Keri Hulme agus Toni Morrison, gun luaidh air Gabriel Garcia Márquez air a bheil an Caimbeulach fhèin cho measail' / '*The writing style earns a place for this book up on the international shelf, alongside the works of writers such as Louis de Bernières, Laura Esquivel, Keri Hulme and Toni Morrison, not to mention Gabriel Garcia Márquez of whom Campbell himself is so fond*' – An Dr Anna Latharna NicGhilliosa / Dr Anne Lorne Gillies

airson
Liondsaidh 's na cloinne
mo ghaol oirbh

Acknowledgements

My thanks to the Literature Department – namely Dr Gavin Wallace and Catherine Allan – of the Scottish Arts Council, which supported me with a bursary while I wrote these poems. My special thanks to Sarah Ream from Polygon, who edited the collection with grace and precision, and to Ian MacDonald, who checked the Gaelic originals. Thug e cuideachadh is misneachd air leth le gliocas ciùin. I am also grateful to Shona Grant, daughter of the late Dr Kenneth Robertson of South Uist, who gave me the splendid photo of the boys playing with the homemade cart, taken by her father in Eriskay in 1971. The photograph of my mother, Ciorstaidh (née MacDonald) Campbell, alongside her sister, Seònaid MacDonald, on the South Uist machair was in the family. Mo thaing gu mo bhean Liondsaidh airson dealbh de phàirt dhen teaghlach againn ann an sgàilean a' bhus aig ceann-rathaid Smeircleit, an Uibhist a Deas, agus cuideachd an dealbh de Eòsaph 'na Innseanach air a' bhaic. Thanks to my wife Lyndsay for the photograph of myself and part of our family in the bus-shelter at Smerclete, South Uist, in August 2010, and for the photo of Eòsaph in Indian feathers on the bike.

The 'Mìrean 2' / 'Fragments 2' poem in this collection was partially inspired by the writings of the great Halldor Laxness of Iceland, who laid things out as if they were patches of cloth drying on the rocks.

Clàr-innse

Contents

'Aristotle was highly regarded,
Though not as highly as sack races and jumping over fires
On Saint John's Eve.'
Czesław Miłosz

Geamachan

Games

Am Bàta

'Thig anmoch agus fàg tràth'
Dàibhidh Mamet, *Air Stiùireadh Film*

ge brith
cà
bheil
am bàta
seòladh

tha thu
air bòrd.

an taobh biorach
a' dol tro na stuaghan
agus an taobh reamhar
ga leantainn.

solas uaine priobadh
gu deas
fear dearg gu clì

agus thusa air bòrd
eadar dà phort.

The Boat

'Arrive late and leave early'
David Mamet, *On Directing Film*

where
ever
the boat
is
sailing

you are
on board.

the sharp end
going through the waves
and the fat end
following it.

a green light flashing
right
a red one left

and you on board
between two ports.

An Seo

Dearcan caorainn ann an uisg'
na Sultain 's air an taobh thall
Caisteal Maol san driùchd
's a' Chailleach sa cheò.

Seachad air a sin
chan fhaic mi sìon
far a bheil gach nì. Sùilean
a bha riamh gorm
air a dhol liath-ghlas

's tron dubhagan chì mi
a h-uile rud a chaidh
à sealladh

ann am buillsgean
a' phàiste

seo.

Here

Rowan berries in the September
rain and beyond that
Castle Moil in the smirr
and then the Cailleach
covered in mist. Beyond that

I see nothing where
everything lies. Eyes
which were forever blue
have turned to steely grey

and through the filter I
see all things which
have disappeared

back to the
little boy

here.

Marina Tsvetaeva

Nam biodh   eòin   dhearga
air a bhith   againn   ann an Uibhist

a Deas

nuair a bha mi beag (agus 's dòcha gun robh –
chan eil   cuimhn' a'm)
bhiodh iad   mar   Marina
Tsvetaeva   a' leum   o   gheug
gu geug mar   mo

chànan

a bha mas fhìor iomlan
le na bàird a' cothromachadh
an t-saoghail cho grinn sgiobalta

fhad 's

a

bha

a'

ch   à   nan

fh   èin

a' dol

n a b l o i g h e a n   nar beòil.

Marina Tsvetaeva

If we'd had   red   birds
in   the   South

Uist

of my childhood (and maybe we did –
I can't   remember)
they would be   like   Marina
Tsvetaeva   hopping   from branch
to branch   like   my

language

which was supposedly whole
with the poets rounding off
the world so perfectly

while

it,
the
la   n   guage
it   self,

wentinto   f r a g m e n t s

in our

mouths.

Mìrean 1

Chan e saoghal
a fhuair sinn ach eilean,

fiù 's ged bu shaoghal an t-eilean.

Chaidh Èden
a chasg dhuinn, 's am pàirt a thoirt dhuinn:

mìrean mòna, is gainmheach,

an t-eilean beag seo,
le tràigh is sliabh, le fichead taigh,

le ceruban
is claidheamh lasrach

a' gleidheadh na slighe gu tìr-mòr.

Cha do stad sin
eathraichean o dhol a-null. Thog sinn
cidhe is port-adhair, is sheòl cuid ann am bailiùnaichean-èadhair,
is thill iomadach sgeul, mu cho mòr agus a bha na craobhan,
agus cho àrd agus a bha na beanntan, agus cho farsaing
's a bha na h-aibhnichean.

Thuirt fear
gun robh na boireannaich cho eireachdail ri eòrna.

Thuirt tè
gun robh na fir cho foghainteach ri Fionn.

Agus bha iad ceart cuideachd,
oir chan eil nèamh gun tarraing.

Fragments 1

It was not a world
we inherited but an island,

even though the island was a world.

Eden was
forbidden to us, and only a part given –

fragments of peat and sand,

this tiny island,
with a shore and moor, with twenty houses,

and cherubim
with a flashing sword

guarding the way to the mainland.

That did not prevent
boats from travelling across. We built
a pier and an airport, and some sailed in aerial balloons,
and many stories returned, about how big the trees were,
and how high the mountains, and how wide
the rivers.

A man said
that the women were as beautiful as barley.

A woman said
that the men were as courageous as Fingal.

And they were right, too,
for heaven must have its attractions.

An Sgeulachd

Cha robh an sin ach aon dòigh,
ged a shaoil sinne nach robh dòigh eile ann:

bodach aig ceann na beinge
agus a' chailleach a' dèanamh na tì

agus an cù air faire aig an doras
agus na cearcan san iodhlainn.

'S nuair a dh'innseadh fear sgeul,
dh'aontaicheadh gach duine, 's

nuair a sheinneadh tè òran,
sheinneadh cuid an sèist,

's nuair a thogadh an sagart a' chailis
chromadh an sluagh an cinn, nan aon.

Tha an sgeulachd briste, mar sheann chuibheall.
'S ged a tha i na bloighean ann am muileann

m' inntinn, tha a' chlach-bhrà a' tionndadh fhathast,
a' fàsgadh coirce-nan-speur a-mach à eòrna thioram.

The Story

It was only one way,
though we thought there was no other:

an old man at the end of the bench
and the old woman making the tea

and the dog on watch at the door
and the hens in the corn-yard.

And when someone told a tale,
everyone nodded their heads in agreement, and

when someone sang a song,
others would sing the chorus,

and when the priest raised the chalice
the people would bow their heads, in unison.

The story is broken, like an old wheel.
And though it is in fragments in the mill

of my mind, the quern keeps grinding still
squeezing manna out of bits of barley-meal.

Mar a Nì Thu Iarann

gheibh thu meatailt às an talamh
agus teasaichidh tu i, gus an leagh i.

nì thu cumadh dhith, fireann no boireann,
agus leigidh tu leis cruadhachadh.

cho cruaidh ri creig.

cho righinn ri reithe.

seasaidh e ri fuachd is gailleann,
gràdh is teagasg adhradh is gràin

ach meirgidh e, mu dheireadh thall,
air ais dhan talamh:

an-dè chunna mi beachlann sheillean
ann an seann phoit iarainn agus dealan-dè a' danns'

air crann nach do ghluais o àm Theàrlaich.

How to Make Iron

get ore from the earth
and heat it, until it melts.

make it into a shape, male or female,
and let it harden

as hard as rock

as durable as a ram.

it will withstand cold and storm,
love and prayer, worship and hatred

but will rust, eventually,
back into the earth:

yesterday I saw a bee-hive in an old iron pot
and a butterfly dancing on a plough

which hasn't shifted since the Forty-five.

Grabhataidh

Nuair a bha mi nam bhalach beag
ann an Sgoil Gheàrraidh na Mònadh
leugh mi gun deach balach Sasannach
a-mach aon latha
's gun do laigh e fo chraoibh
far an do thuit ubhal air a bhathais,
gun do dh'èigh e Eureka! agus mar sin
lorg e grabhataidh.

'À hà,' thuirt mi rium fhìn,
'sin carson nach e Uibhisteach a fhuair e –
mura b' e gun do loisg na Lochlannaich
gach craobh bha ann an Uibhist
(neo mura b' e gun do dh'ith na caoraich iad),
bhiomaid ainmeil.'

Chrùb mi dhachaigh às dèidh na sgoile
crom an aghaidh na gaoithe,
an t-uisge taomadh calg-dhìreach
às an tuath.

Ann an Uibhist, bha sìos suas.

Gravity

When I was a little boy
in Garrynamonie School
I read how an English lad
went out one day and lay
under a tree
where an apple fell on his head,
and he cried Eureka! and therefore
discovered gravity.

'Aha,' I said to myself,
'that's why it wasn't a Uistman who discovered it –
if the Norsemen hadn't burnt
every tree that we'd ever had in Uist
(or if the sheep hadn't eaten them),
we would have been famous.'

I walked home after school
bent double into the wind
with the rain pouring horizontal
from the north.

In Uist, nothing ever fell down.

Mìrean 2

A-mach às na criomagan
chaidh againn air cruinne

dhèanamh. Chuir sinn mìr
ri mìr agus thàinig cneas.

Cha robh anns an fhearann
ach creag is fàsach. Bha a'

bheinn fad' às. Sheas fear
aig oir na mara, agus stad

i. Beag air bheag, leudaich
an cladh. Labhair tè

le ochd clachan deug. Fhreagair
fear le sia thar fhichead. Bha

am beàrn ro mhòr. Ochd
fuaimean a-mhàin. An t-astar

eadar ifrinn agus nèamh. Molagan
air a' chladach. Mìneachd na mara.

Nochd ise. Beag is tiugh, cho
foghainteach ri each. Sheas e,

cho làidir ris a' ghrèin. Agus
choisich iad, sgapte, tarsainn

na beinne, loth às an dèidh. Trì
mìrean a rinn eilean, is saoghal.

Fragments 2

Out of the fragments
we made a whole

world. We put bone
to bone and made a bosom.

The land was but
rock and desert. The

mountain far away. A man
stood by the sea's edge, and

it stayed. Little by little, the
graveyard lengthened. A woman

chapped with eighteen stones. A man
answered with twenty-six. The

gap was too wide. Eight
noises only. The distance

between earth and heaven. Pebbles
on the shore. Sea-worn smooth.

She arrived. Small and thickset, as
sturdy as a horse. He stood,

as strong as the sun. And
they walked, apart, across

the hill, followed by a colt. Three
elements which made an island, a world.

Fàire

Anns a' Phràdo, nuair a chunnaic
mi na naoimh aog aig El Greco agus,
bliadhnachan mòr eile, ann am Berlin,
nuair a chunna mi am balla briste,

chuimhnich mi far am biodh tu cumail
dealbh na h-Òighe Moire dìreach
os cionn uisge-coisrigte Lourdes
's cuideachd mar a thuit balla na fainge

sìos, a' fosgladh frith-rathad dhuinn
a-steach gu pàirc a' bhuill-coise faisg
air an sgoil far am faiceamaid, eadar
gach tadhal, a-mach gu fàire na sìorr-

aidheachd, na bàtaichean a' seòladh agus,
gun fhuaim sam bith, jets àrd na h-iarmailt.

Horizon

In the Prado, when I first saw
El Greco's gaunt saints and,
much later on, in Berlin,
when I saw the broken wall,

I minded where you kept the
plaster Adoration of the Virgin
just above the Lourdes water-font
and also the way the old sheep-wall

crumbled, allowing us a short-cut
through to the football pitch
by the school, where, resting between
goals, we could see everywhere

the ships sailing and the soundless
plumes of jets high in the blue sky.

A-màireach

'Tha a' chuimhne a cheart cho iongantach ri fàidheadaireachd;
tha madainn a-màireach nas fhaisg' oirnn na nuair a chaidh na
h-Eabhraidhich tron Mhuir Ruaidh, ged tha cuimhn' againn air a sin.'
Jorge Luis Borges

Tha cuimhn' a'm
air a-màireach.

A-màireach
chaidh mi dhan sgoil,

chaidh mi gu tìr-mòr,
chluich mi do Celtic.

A-màireach
choisich m' athair cas-thioram

tron Mhuir Ruaidh, far a bheil mi nis
a' ruith le sùil air Tìr a' Gheallaidh.

Tomorrow

*'Memory is as much a wonder as divination; tomorrow morning is
closer to us than the crossing of the Red Sea by the Hebrews, which,
nevertheless, we remember.'*
Jorge Luis Borges

I remember
tomorrow.

Tomorrow
I went to school,

I went to the mainland,
I played for Celtic.

Tomorrow
my father walked dry-shod

through the Red Sea, where I now stand
running towards the Promised Land.

Deamocrasaidh

Nuair a chitheadh fear sealladh,
rachadh e uaireigin a-rithist
dhan taigh-chèilidh,
's nuair a bhiodh e teannadh anmoch
dh'innseadh e dè chunnaic e.

Chanadh fear siud
is chanadh tè seo
is chanadh fear eile rud eile
is chumadh cuid balbh,

's rachadh aonta a dhèanamh,
agus b' e sin an sealladh.

Democracy

When someone saw a vision
he would sometime later go
to the ceilidh-house,
and when it got late into the night
he would tell what he saw.

One would say this
and another that
and another something else
and some would remain silent,

and they would reach agreement,
and that was the vision.

'Eadar an Cuilitheann 's an Cuan Sgìth'

mar chuimhne air Somhairle MacGill-Eain

Na briathran mu dheireadh a chuala mi chaoidh
an latha thog sin do dhealbh cùl Shligeachain,
's tu mar an leòmhann led fhalt geal sa ghaoith
air beulaibh Sgurr nan Gillean eagarraich.

An Cuan Sgìth cho ciùin taobh Ratharsair
's tu tuiteam nad chadal air m' uchd sa chàr
eadar na sgeulachdan mu Thaog is Màiri Mhòr
air ais gud dhachaigh anns a' Bhràigh.

''Eil dad eile?' thuirt mi riut,
's dhùin na sùilean mar bu dual.
'Cuir mar seo e,' fhreagair thu,
'gun deach m' altram eadar Beinn is Cuan.'

Ann an creathall a' Chuain Sgìth,
air do thulgadh gu gach taobh,
's an Cuilitheann le ghàirdean teann
mar bhalla-dìon ro bhristeadh-crìdh'.

Àrd is cinnteach gu na nèamh,
luasganach am measg nan tuinn:
an Cuilitheann agus an Cuan Sgìth –
nan dà shamhla eadar cinnt is strì.

'Between the Cuillin and the Minch'

in memoriam Sorley MacLean

The last words I ever heard from you
the day we took your photo behind Sligachan,
and you like a lion with your mane white in the wind
standing in front of rugged Sgurr nan Gillean.

The Minch at ease round Raasay
and you falling asleep on my chest in the car
in between tales of Taog and Màiri Mhòr
on the way back home to Braes.

'Is there anything else?' I said,
and you closed your eyes in that old way.
'Put it like this,' you replied,
'that I was born between the Cuillin and the Minch.'

In the cradle of the sea
rocked and tossed from side to side,
and the ridge's tight embrace,
a fortress wall in the middle of heartbreak.

High and certain towards the heavens,
lurching in the middle of the waves,
the Cuillin and the Minch –
the two symbols of faith and doubt.

A' Bhàs

ghabh i
àite nan con
a chaidh à sealladh
às dèidh na h-imrich

bha i gorm
le ceathasan
buidhe aig a' cheann thana

's gach dàrnacha sathairne
thigeadh mam
dhachaigh le sìtheinean.

lilidhean.

am fàileadh
mar i fhèin

's às dèidh an tòrraidh
bha a' chùbhraidheachd feadh an àite.

The Vase

it replaced
the wally-dugs
which disappeared
after we flitted

it was blue
with flecks of
yellow at the thinning top

and every other saturday
my mum
would bring home the flowers.

lilies.

they smelt
like her

and after the funeral
their fragrance was everywhere.

An t-Seann Chairt Againn

Ghiùlain i mìle mìorbhail –
pocan-mòna nach tèid àireamh,
clòimhtean chaorach bhon an àirigh,
badan feòir is cocan-eòrna,

còig gille deug air am pronnadh
agus aon latha foghair
rùda mòr a chaidh a rùsgadh
is faoileag a' danns air adhairc.

Bha an t-each sean is caol ge-tà
's chaidh a reic ri ceàrd bha siubhal,
's ghabh fuaim am Massey Ferguson àit'
gliog is brag na cuibhill.

                              A' chairt
na fealla-dhà làn-ùine. Air bòrd, sheòl
sinn gu San Francisco, 's dh'èirich pàirt
dhan ghealaich, 's a' chluasag-bheòil

bhiodh ceangal an asail 's na cuibhl'
fhathast nam postan-coise
a' meirgeadh thall an Uibhist.

Our Old Cart

She bore wonders –
endless sacks of dusty peat,
countless bags of oily wool,
stooks of hay and jagged corn,

fifteen squashed boys,
and one spectacular day
a sheared ram with a stray
gull dancing on its horns.

But the horse grew old
and was sold to a passing tinker,
so the brand-new Massey Ferguson
replaced the bridle's chinkle.

              The cart
became our plaything. It sailed
to San Francisco, and part of it flew
to the moon, and that bit

which connects the axle to the wheel
became a pair of goal-posts which still stand
rusting in the relentless Uist wind.

An Càr

Nuair thàinig a' chiad chàr
dhan Eilean thog na h-eich fhiadhaich

an cuinnleanan dhan ghaoith,
foiseil le samh na mara.

Ach thàinig an t-inneal o thaobh laighe
na gaoithe, 's mus d' fhuair na h-eich

fàileadh ùr a' pheatrail
chual' iad an tàirneanaich 's mar an dealanach

leum iad àrd thar nan sgallan
dhan chuan bhuan aig bun na Creige.

The Car

When the first motor car
came to Skye

the wild horses snorted the air
and breathed only the familiar sea.

But the machine descended
from the leeward side and before

the horses could smell the petrol
they heard the thunder and in shock

like lightning bolted to their ocean graves
head-first over the majestic Kilt Rock.

Iteagan Hirteach

B' e seo màl
Fear Dhùn Bheagain

air a chosnadh le ceann-òrdaig
na sìorraidheachd. Fir gun ròpa

a' sìneadh a-mach cròg mar Adhamh
a' guidhe gun greimicheadh an cumhachd

air amhaich an fhulmaire,
's an uair sin na mnathan

a' fàsgadh na h-ola 'son solais is
leighis. Seall na brògan brèagha

craicinn! Ùineachan mòra
a' seinn, a' spìonadh itean

a lìon cluasagan nan saighdearan
le èadhar fhalamh thall anns a' Chrimea.

St Kildan Feathers

Here was the rent
for the MacLeod Chief:

gathered from a toe-hold on
eternity. Men on ropes

stretched out Adam's finger
praying that the divine pulse

would reach the gannet's
neck, and later the women

drained the oil for lamps and
healing. What gorgeous shoes

made out of these skins! Hours
singing, plucking the feathers

which filled the soldiers' pillows
with absent air in Crimea, far east of Hirta.

Anns a' Chiaradh

Uaireannan
ann an ciaradh an fheasgair
chì mi an crodh a' tilleadh dhachaigh tron bhaile
air am buachailleachd le bodaich
a dh'eug ro linn ùr na gealaich.

Tha an crodh daonnan donn,
's na h-adhaircean biorach mar an stiùir
a bha air a' chàr bheag fhiodh
aig Stirling Moss a bhithinn a' dràibheadh
tron bhaile aig deireadh an fhoghair, 's an exhaust
mar earball a' crathadh nan cuileagan
air falbh le fuaim na rèis.

Aon uair
ann an ciaradh an fheasgair
le mo shùilean fosgailte
chunnaic mi tìm fhèin a' coiseachd tron bhaile,
pìob-chreadha na bheul, is ceap mu cheann,
pàiste na dhuine mòr
làn luideagan na h-uaisleachd.

In the Twilight

Sometimes,
in the twilight,
I see the cattle returning home through the village,
herded by old men who died
before man jumped over the moon.

The cattle are always brown,
and the sharp horns like the steer
on Stirling Moss's victorious little kart
which I drove through the village
at the end of autumn, the flimsy
wooden exhaust like a tail flapping
the flies away with the noise of racing.

Once
in the twilight
eyes wide open
I saw time himself walking through the village,
a clay pipe in his mouth, and a bonnet on his head,
a child playing gentleman, covered
with remnants from the dressing-up box.

Cézanne

still life: ùbhlan
is ròsan buidhe air a' bhòrd.

Caitrìona
air a glùinean
air a' mhachaire,
an corran a' gearradh
gun sgur. Fairichidh

mi samh na mara
air a cùlaibh
an lùib nan ùbhlan,
is ròs buidhe na gruaig
aig an aifreann-Dòmhnaich.

Cézanne

still life: apples
and yellow roses on a table.

Caitriona
on her knees
on the machair,
the sickle ceaselessly
cutting. I smell

the tang of the ocean
behind her
amidst the apple perfume
and a yellow rose in her hair
at the Sunday Mass.

Naidheachdas

Tha e mar spìonadh
blàth a' mhachaire,

no aig a' char as fheàrr, spealadh.

A liuthad turas a sheas mi an Ceann Phàdraig
ag iomlaid bàs is beatha.

Chan ionann bàrdachd

far an tig thu le aodann eile,
cruitear na shuidhe air cairt
le corran is trèilear,

agus a' falbh le cuid dhaoin' eile:
mar na sìthichean a' togail an toraidh,

a' fàgail tàcharan sa bhaile.

Journalism

It's like uprooting
the machair flowers,

or, at best, scything them down.

The times I stood in Peterhead
exchanging death for information.

Not unlike poetry

where you arrive in a different guise,
a crofter sitting on his cart
with a sickle and trailer,

and make off with the best produce,
like the fairies stealing the harvest,

leaving a changeling in the village.

Aiseirigh nam Marbh

Smaoinich!

A' tighinn às gach ceàrnaidh,
gach baile 's gach gleann.

À Bail' a' Mhanaich
's à Baghasdal

à Barbhas
's à Brù

à Bearaig
's Baden Baden.

À Buenos Aires thall!

A-mach às gach caibeal
's gach uaigh, gach cladh,
gach cist', gach anart,
gach sloc.

A' dìreadh às a' chlàbar chriadha thiugh
às a' pholl,

a-mach
à fiodh, pàipear, sìoda, luaithre.

Smaoinich!

Alasdair Mòr na Grèige!
Alasdair Mac Mhaighstir Alasdair!
Alasdair Mac Cholla gasta! Ò hò, trom èile!

The Resurrection of the Dead

Imagine!

Arriving from every corner,
every village and glen.

From Balivanich
and Boisdale

from Barvas
and Bru

from Berwick
and Baden Baden

and Buenos Aires yonder.

Out of every burial-ground
and grave, every cemetery
and coffin, every shroud
and hole.

Clambering out of the miry clay,
out of the mud,

out
of wood, paper, silk, ash.

Imagine!

Alexander the Great!
Alasdair Mac Mhaighstir Alasdair!
Alasdair Mac Colla, the hero! O, hò, what a hero!

À Passchendaele nam mìltean mòra.

Às na Twin Towers.

À Uaimh Fhraing an Eige.

Mo sheanair!

M' athair a' nochdadh
òg is bàn is fallain
na ruith a' seinn
'Alasdair Mhic ò hò
Cholla ghasta ò hò,
Às do làimh-s' gun ò hò
Earbainn tapachd, trom èile.'

Ùisdean MacDhiarmaid a' dìreadh,
bodaich ghlas Chrowdieknowe
mu shàilean.

A' ruith, a' losgadh,
à Saigon
's a mach à crematorium
Inbhir Nis,
bog fliuch a-mach às a' Ghanges,
à bonn nan cuantan, gach seòladair a bh' ann –
m' uncail, 's Ailean Donn
na lèinidh air bàrr nan stuagh ag èirigh.

Alasdair à Gleanna Garadh,
thug thu 'n-diugh gal air mo shùilean,
a Mhàiri nighean Alasdair, mo rùn geal òg.

[42]

Out of Passchendaele in their thousands.

Out of the Twin Towers.

Out of Francis's Cave in Eigg.

My grandpa!

My father emerging
young and fair and healthy
running and singing
'Alasdair Mhic ò hò
Cholla ghasta ò hò,
Às do làimh-s' gun ò hò
Earbainn tapachd, trom èile.'

Hugh MacDiarmid climbing,
the auld grey men of Crowdieknowe
at his heels.

Running, burning,
from Saigon
and out of the crematorium
in Inverness,
soaking out of the Ganges,
from the bottom of the oceans, every sailor who ever existed –
my uncle, Brown-haired Allan
in his shirt floating on the waves.

Alasdair from Glengarry,
who today brought a little weeping to my eyes,
a Mhàiri nighean Alasdair, my fair young love.

Abair cèilidh,
abair ceòl:
tillidh, tillidh, tillidh
MacCruimein 's MacCodram ri rann
's Mìchealangelo le dram,
Mandelstam 's Dante 's Iain Crichton
Mac a' Ghobhainn 's Jock Stein
breabadh ball le Naomh Teresa à Avila
neo Seonag Àirc a' cluiche goilf
's am ball a' leumail àrd
dhan toll.

Smaoinich air Dia

aig a bheil cumhachd seo a dhèanamh

mar phìobaireachd aig cuirm
a' tional sluaigh,
na caoraich 's na gobhair,

a' gearradh na glòir

dìreach

le

facal,

smuain:
Èirich!

What a ceilidh there will be,
what music:
return, return, return will
MacCrimmon and MacCodrum's song,
and Michelangelo having a dram,
Mandelstam and Dante and Iain Crichton
Smith, and Jock Stein
playing fitba with Saint Theresa of Avila
or Joan of Arc playing golf
and the ball arcing high and straight right into
the pin.

Imagine God

who has the power to do this

like bagpipes at a concert
assembling the crowd,
the sheep and the goats,

dividing the glory

with

just

a
word,

a

thought:
Rise!

Eclesiastes

'Àm gu gleidheadh, agus àm gu tilgeadh air falbh'
Eclesiastes 3:6

As dèidh bhliadhnachan mòra
a' tional,
tha mi nis a' sgapadh: a' sgaoileadh
nan clach.

Uaireigin an t-saoghail
chruinnich sinn
cairtean thoitean-milis, is stampaichean
à dùthchannan cèin,
gus an robh an saoghal uile
na bhratach, is Stanley Matthews na rìgh.

Bha sinn air dìochuimhneachadh mun Diùc Ferdinand.

'S fheàrr a leigeil seachad:
a' chànan aon-fhillte, Uibhist nam bò,
an drochaid chliùiteach, a' ghealach shlàn. 'S fheàrr

tulgadh nan clach air a' chaolas,
giolcam-daobhram na frìde,
tobhta fhosgailte na frìthe,
seach saoghal cruinnichte nam mìrean.

Ecclesiastes

'A time to keep and a time to throw away'
Ecclesiastes 3:6

After so many years
gathering,
I am now scattering: dispersing
the stones.

Once upon a time
we collected
sweet-cigarette cards, and stamps
from foreign lands,
till the whole world
was a flag, with Stanley Matthews as king.

We had forgotten about the Archduke Ferdinand.

Better to let go:
the perfect language, Uist of the cattle,
the famous bridge, the full moon. Better

the shoogly stones in the water,
the animalcule of the fleshmite,
the open hovel on the moor,
than the gathered emblems of the world.

Na Seann Ràithean Gàidhlig

6 Faoilleach 2008

Earrach Beag nam Faochag is
Feadag is Gobag is Sguabag,
's na dìochuimhnich a' Chailleach
's Trì Làithean nan Òisgean.

Cho silteach 's a tha tìm:
mar abhainn bheag
anns am feuch thu dam a chur
le spaid is clach.

An ùine a tha air a dhol seachad
bhon a thòisich mi an dàn seo!

An abhainn na tuil
thairis air gach lide
a sheas na rathad.

The Old Gaelic Calendar

6 January 2008

The Little Spring of the Whelks and
Whistle and Sharp and Breezy
and don't forget the Old Woman
and the Three Days of the Ewes.

How liquid time is:
like a small river
in which you try to make a dam
with a spade and stones.

The time that has passed
since I began this poem!

The river in flood
sweeping every syllable
out of its way.

Mis' is Tusa

Anns an t-sù
taobh na pàirc

h-uile beathach
bha san àirc.

'Tha mise luath
's thusa slaodach,'

thuirt a' ghèarr
ris an daolag.

'Tha thusa caol
's mise reamhar,'

thuirt an t-ailbhean
ris an t-seangan.

'Tha thusa glic
's mise amh,'

thuirt an t-seilcheag
ris an damh.

'Tha mise ciùin
is thusa iargalt,'

thuirt an calman
ris an ialtaig.

'Tha esan mìn
's mise garbh,'

You and I

In the zoo
by the park

all the beasts
of the ark.

'I'm big
and you're wee,'

said the pig
to the flea.

'You're thin
and I'm fat,'

said the elephant
to the gnat.

'You're fast,
and I'm slow,'

said the snail
to the doe.

'I'm white
and you're black,'

said the dove
to the bat.

'He's lovely
and I'm coarse,'

thuirt a' hippo
mun an sgarbh.

'O, nach bu mhi
an eala,'

thuirt an nighean
ri a leannan.

said the hippo
of the horse.

'Oh, that I
were a swan,'

said the woman
to the man.

Geamachan

às dèidh Vasco Popa

1.
seo mar a chluicheas tu an geama:

seasaidh a h-uile duine ann an sreath
agus canaidh iad
'mèh-mèh' mar chaoraich.

an neach
nach

can e gu ruitheamhach raidheamach

is esan a' chaora dhubh,
agus thèid a dhubhadh às.

2.
gheibh thu dusan ugh circe

agus bristidh tu iad air an làr.

gheibh an neach
a chuireas na h-uighean air ais còmhla

duais: omailead.

3.
feumaidh tu ròpa mòr airson seo

cuir an sluagh ann an dà bhuidheann
agus thoir aon cheann dhen ròpa
dha gach buidheann

Games

after Vasco Popa

1.

here's how you play the game:

everyone stands in a line
and says
'baa-baa' like sheep.

the one
who can't

say it exactly like a sheep

is the black sheep
and will be black-listed.

2.

you get a dozen hen's eggs

and smash them on the ground.

the one who can
put all the eggs back together gets

the prize: an omelette.

3.

you need a large rope for this

divide the gathering into groups
and give one end of the rope
to each of the groups

agus iarr orra slaodadh.

thalla fhèin dhan taigh-seinnse 'n uair sin
agus leig leotha na thogras iad a dhèanamh
a rèir nan riaghailtean.

4.
Feumaidh a h-uile duine
a dhol chun na h-aibhne
as fharsainge anns an sgìre.

an sin,
tagh an neach as laige o mheasg an t-sluaigh,
agus cuideachd an neach as làidire.

an uair sin
iarr air an fhear bheag
am fear mòr a chur air a dhruim
agus a ghiùlain tioram tarsainn na h-aibhne.

aon uair 's gun tèid am fear beag fodha,
feumaidh an ath fhear as laige
snàmh a-mach agus àite a ghabhail,
's mar sin air adhart.

nuair nach bi aon duine duine lag air fhàgail,
tha an gèam seachad.

5.
feumaidh tu tabhartas on riaghaltas 'son seo:

aon uair 's gum faigh thu am barantas
ceannaich grunn mharagan o Charlie Barley

and tell them to pull.

then head off to the pub
and let them do whatever they want
within the rules.

4.
Everyone needs to go
to the widest river
in the district.

there,
choose the weakest member in the group,
and also the strongest.

then
tell the weak one
to put the strong one on his back
and carry him dry across the river.

as soon as the first weak one drowns,
the next weakest one must
swim out and take his place,
and so on.

when no weak people are left,
the game is over.

5.
you need a grant from the government for this

once you get the grant
purchase a number of black puddings from Charlie Barley

agus gairm cuirm.

cuir ceann reamhar gach maraig
aig aon cheann dhen bhòrd

far a bheil na daoine as
reamhra

's an uair a spreadhas iad,
sin dearbhadh gun robh iad airidh orra.

6.
seann dùbhlan:

tha gèadh agad, agus poca sìl,
agus sionnach (air adhbhar air choreigin).

feumaidh tu am faighinn uile tarsainn an locha.

ma bheir thu an gèadh agus an sìol
san sgothaidh, ithidh an gèadh an sìol,
's mar sin air adhart . . .

ciamar a gheibh thu na tri nithean,
agus thu fhèin, tarsainn?

sealbh, cunntas neo creideamh.

7.
an geama mu dheireadh:

cluich seo
ann an ciaradh an fheasgair,
dìreach mus tèid a' ghrian fodha.

and declare a feast.

put the thick end of the black puddings
at one end of the table

where the fattest people
are

and when they burst,
there's the proof of the pudding.

6.
an old challenge:

you have a goose, and a bag of seed,
and a fox (for some reason).

you need to get them all across the loch.

if you take the goose and the seed
in the boat, the goose will eat the seed,
etcetera . . .

how will you get the three things,
and yourself, across?

by luck, calculation or faith.

7.
the final game:

play this
at twilight,
just before the sun sets.

feumaidh a h-uile duine
suidhe sìos sàmhach.

duine sam bith a nì fuaim,
tha e a-mach às a' gheama.

everyone needs to sit down
silently.

anyone who makes any noise
is out of the game.

Aibisidh

ABC

Aibisidh

Alasdair à Gleanna Garadh
Brochan lom, tana, lom
Cadal cha dèan mi, sùgradh cha dèan mise
Deoch-slàinte nan gillean a b' àill leam a thilleadh
Eilean Sgalpaigh na Hearadh
Fìl ò ro
Guma slàn do na fearaibh
Hòro, leannain, nach tiugainn thu leamsa?
Iseabail NicAoidh aig a' chrodh-laoigh
Làrach do thacaidean, làrach do chrùidhean
Moch 's mi 'g èirigh air bheagan èislein
Nuair philleas rinn an samhradh bidh gach doire 's crann fo chròic
O mo dhùthaich, 's tu th' air m' aire
Pìobaireachd Dhòmhnaill Duibh
Ruidhlidh na coilich-dhubha, 's dannsaidh na tunnagan
'S daor a cheannaich mi 'n t-iasgach
Tha duin' òg is seann duin' agam
Ud ud aithearam.

ABC

All people that on earth do dwell
Bye bye love
Can I sleep in your arms tonight, baby?
Dem bones, dem bones, dem dry bones
Every time we say goodbye, I die a little
Food, glorious food, hot sausage and mustard!
Good golly, Miss Molly
Hark, when the night is falling, hear, hear the pipes are calling
Imagine there's no heaven
Je t'aime
Kiss me quick, while we still have this feeling
London Bridge is falling down
Mine eyes have seen the glory of the coming of the Lord
No arms can hold you like these arms of mine
Oom pah pah, oom pah pah, that's how it goes
Pardon me, boy, is that the Chattanooga Choo Choo?
Que sera sera
Raindrops on roses, and whiskers on kittens
Should auld acquaintance be forgot
There was a soldier, a Scottish soldier
Underneath the lantern by the barrack gate
Victim Divine, Thy grace we claim
Where have all the flowers gone?
Xanadu, Xanadu, now we are here in Xanadu
Yesterday, all my troubles seemed so far away
Zip-a-dee-doo-dah, zip-a-dee-ay

Leabhraichean

Air na stàilichean fiodha
ri taobh na Seine air latha
earraich chunna mi gliocas
a' sìneadh astar mhìltean.

Diderot 's Rousseau,
ach cuideachd an fheadhainn
a pheant cànan: Monet
's Manet 's Picasso na Spàinne.

'S a' togail na bàrdachd aig Verlaine
(nach tuig mi na theanga fhèin) –
Il fait un de ces temps ainsi que je les aime –
thàinig am facal 'MacMhuirich' nam cheann,

's mar a dh'fhàs stàile na Gàidhlig lom,
's mar a rinn a shliochd barraill bhròg
a-mach à leabhar-sgrìobhte nan dàn:
an saoghal cho tana ri sreang.

Books

On the wooden stalls
by the Seine on a spring day
I saw wisdom
stretching for miles.

Diderot and Rousseau,
but also the ones who
painted language: Monet
and Manet and Signor Picasso.

And lifting Verlaine's poems
(beyond me in his own tongue) –
Il fait un de ces temps ainsi que je les aime –
the word 'MacMhuirich' came into my head,

and how bare the Gaelic stall had become,
and how his descendants made shoe-thongs
out of his manuscripts:
a whole world reduced to strings.

Do dh'Eideard Dwelly

Chaidh e a-steach a choille nan cnò,
e fhèin 's a' chuid chompanach:
MacRuairidh shuas an sin ann an Amazon Shnitheasort,
agus an Camshronach ann am Borneo Phuill Iù,
's an còrr a' sealg bhriathran
ann am fàsaichean Alba
mar a shealgas tu fiadh, no gèadh, no am bradan mòr.

Abair creach!
Am Fiadh Rìoghail a' sileadh na fala,
agus an coinean beag glacte ann an leus lasrach a' bhiùgain
agus an sgarbh a' tuiteam gu talamh
agus am breac a' fannachadh air an dubhan:
na briathran a' bàsachadh air ar bilean.

'S a' choille a-nis
cho lom ri achadh-buain
air latha geamhraidh,
sèimh mar shliabh uain' an t-samhraidh.

Èist
ris a' bhàs, nach robh riamh balbh,
ach a tha a' sìor labhairt
mar rèidio fad' às ann an taigh
's tu a' coiseachd seachad.

Saoil
an e Rèidio 2 no Rèidio nan Gàidheal
a tha siud, no eun beag (smeòrach, 's dòcha?)
a' ceilearadh sa choille? An cual' thu guth?

For Edward Dwelly

He went into the hazel wood,
the warrior and his companions:
MacRury up there in the Amazon of Snizort,
and Cameron in the Borneo of Poolewe,
while the rest hunted words
in the deserts of Scotland
as you would hunt a deer or goose, or the fat salmon.

What devastation!
The Royal Hind weeping blood,
and the tiny rabbit caught in the floodlight of the beam
and the cormorant falling to earth
and the trout fainting on the hook:
the words dying on our lips.

And the wood now
bare as a harvested field
on a winter's day,
still as the green hill of summer.

Listen
to death, who was never silent,
but transmits endlessly
like a far-off radio in a house
as you saunter past.

Is that
Radio 2 or Gaelic Radio,
or a tiny bird (a thrush, perhaps?)
twittering in the forest? Did you hear a note?

An do ghluais duilleag? 'S am b' e fiadh
a bha siud, le Donnchadh Bàn fhèin air a mhuin,
a' seòladh tro na speuran?

Did a leaf move? And was that
a deer, with Duncan Bàn MacIntyre himself on its back,
sailing through the skies?

Fàisneachdan Choinnich Ghobhair
is Seanfhaclan Eile

Nuair a nochdas am bradan aig ceann na h-aibhne,
cha bhi roimhe ach an lìon no an cuan mòr.

An latha bhios preasan fo bhlàth ann an Ameireagaidh,
thig breitheanas air an t-saoghal.

Mus tig an Seanal Ùr Ditseatach,
cluinnidh sinn mu dheidhinn.

Gluaisidh Clach an Truiseil
ma gheibh thu JCB mòr gu leòr.

Am fear a bhios na thàmh,
bidh e aig a' choimpiutair fad an là.

An latha nach bi MacLeòid an Dùn Bheagain
bidh màl eile ri phàigheadh.

Thig trì nithean gun iarraidh,
agus gu cinnteach 's e spam aon dhiubh.

Dèan do ghnothach anns an taigh mhòr
mar a nì thu do chùis anns an taigh bheag.

Far am bi bò cha bhi bean,
oir thàinig co-ionannachd Eòrpach.

Ged a bhios MacCoinnich an Ceann t-Sàile,
cha bhi Gàidhlig aige.

Gheibh na Caimbeulaich an rìoghachd,
ach na Dòmhnallaich a' ghlòir.

The Prophecies of Coinneach Gobhar
and Other Proverbs

When the salmon appears at the mouth of the river
only the net or the big ocean will be left.

The day bushes sprout in America,
judgement will come upon the world.

Before the New Digital Channel arrives,
we'll hear about it.

The famous stone at Baile an Truiseil will move
if the JCB is big enough.

He who is idle
will be at the computer all day long.

The day there will be no MacLeod in Dunvegan
a different rent will be paid.

Three things come unasked for,
and spam is most certainly one of them.

Do your business in the big house
as you do your business in the wee house.

Where there is a cow there will not be a woman
since there is now gender equality.

Though there will be a Mackenzie in Kintail,
he'll have no Gaelic.

The Campbells will acquire the kingdom,
but McDonalds the franchise.

Is fhèarr a bhith dhìth a chinn
na bhi dhìth an i-fòn.

Is trom an t-eallach *GOC* is Dwelly.

Laighidh a' ghrian air cùl Dhùn Cana
a h-uile feasgar.

Cha bhi naidheachd ann ma bhàsaicheas a' Ghaidhlig
air an aon latha ri gèam an Old Firm.

Ma thèid thu dhan Ròimh,
cuimhnich cò thu.

Nuair a gheibh iad càise air a' ghealaich,
bidh an iomairt air a dearbhadh.

It's better to be without your head
than to be without your iPhone.

Huge is the burden of *GOC* and Dwelly.

The sun will set behind Dùn Cana
every evening.

It won't be news if Gaelic dies
on the same day as an Old Firm game.

If you go to Rome,
remember who you are.

When cheese is found on the moon,
the invasion will be justified.

A' Bruidhinn ri na h-Eòin

An latha
nach bi duine agad ris am bruidhinn thu

a' Ghàidhlig

bruidhinn
ri na h-eòin.

Can riutha:
bha latha eile ann.

Èistidh
iad gu furachail,

ceann gu aon taobh,
mar gu bheil thu às do chiall.

Na gabh dragh,
tha sin nàdarra gu leòr.

Dìreach
inns dhaibh mar a thachair.

Mar a thuit a' ghrian
a-mach às na speuran.

Mar a thachair air Latha Chùil Lodair.
Mar a thog iad a' chreach.

Mar a thuit thu ann an gaol
Ris-san.

Aig an robh cridhe
cho blàth ri ceòl.

Talking to the Birds

The day
you have no one to talk

Gaelic with,

talk
to the birds.

Say to them:
it wasn't always like this.

They will listen
intently,

head cocked to one side,
as if you were off your head.

Don't worry,
it's natural enough.

Just
tell them what happened.

How the sun fell
out of the sky.

What took place at Culloden.
How the plunder was taken.

How you fell in love
with him.

Who had a heart
glowing like music.

A sheinneadh
mar na h-eòin fhèin:

'Moladh Beinn Dòbhrain'
sa mhadainn

agus 'Cead Deireannach nam Beann'
feasgar.

'S
èist an uair sin –

an uiseag ri
'Moch 's Mi 'g Èirigh',

an dreathan-donn
ri Mozart,

's na bi balbh
anns a' chòisir.

Who could sing
like the birds themselves:

'In Praise of Ben Dorain'
in the morning

and 'Final Farewell to the Bens'
in the evening.

And
then listen –

the mavis with
'Early as I Arose',

the wren
playing Mozart –

and don't be mute
in the choir.

An t-Each agus an Coimpiutair

Shlaod an dà each mhòr
faclairean air a' chrann:

cromagan na briogais is guailleachain
a' treabhadh na h-ùrach, a' tilgeil sgrathan

gu nèamh. Dh'fhosgail an talamh-gainmhich
mar bhalg. Thuit sìol, sgaoil briathran,

chinn toraidhean beaga.

      An crannchur a' laighe an àiteachan gun dùil:
tha cuimhn' a'm air bràthair mo mhàthar

ag ràdh gum bu choir dhan arannach-srèine
daonnan seòladh taobh grèine na deàrnaig,

's air machaire eile nuair a làimhsich mi luchag
ghin talamh-dalta fogharadh ùr.

The Horse and the Computer

The two Clydesdales dragged
dictionaries behind them:

breeching-hooks and shoulder-slings
ploughed the earth, flinging turf heaven-

wards. The sandy soil opened.
Seed fell, words rose and scattered,

small crops flourished.

           The share lands in unexpected places:
I remember my uncle telling me that the bridle-rein

ought always to be slipped sunwise
through the open furrow of the palm,

and a lifetime later, when I harnessed
a mouse, a surrogate earth gave birth.

Cànain

Cho ciùin 's a tha iad
air an duilleig, mar

gun do laigh Bàbel sìos
ann an iodhlainn mhatamataigeach.

Gach comharra ceimiceach
a' foillseachadh cruinne-cè.

Dia is Darwin
am meadhan gach samhla.

Tha an dàn dealbhach agus Ròmanach.
Chan fheàrr Iapanais na a' Ghàidhlig.

Cha mhiosa Bheurla na Ruiseanais.
Na puingean-ciùil mar Yuri Gagarin.

Smaoinich air na seòladairean aig
Crìsdean Columbus, làn eagail

's oir an t-saoghail gu sìorraidh
air fàire, atlas a' bhàis.

Chan eil dàn ann gun chànan,
aibideil an dust 's nan reul.

Languages

How serene they are
on the page, as if

Babel had lain down four-square
in a mathematical corn-yard.

Each chemical sign
manifesting a universe.

God and Darwin
at the heart of every symbol.

The poem pictographic and Roman.
Japanese no better than Gaelic.

English no worse than Russian.
Music like Yuri Gagarin.

Just think of Columbus's sailors
filled with fear

and the edge of the flat world forever
on the horizon, the cartography of death.

There is no poem without its language,
the alphabet of the dust and stars.

A' Chuairt Bhaidhsagail

Nuair ràinig mi Malaig air bàta na smùide
Bha 'm baidhsagal fodham gleansach is ùrail –
Mach rium le cabhaig dhan Ghearastan Rìoghail
Agus sìos tro Ghleann Comhann nan àrd-sgurran mòr.

Tro bheanntainnean binneanach, bideanach, stùcach,
Creaganach, carraigeach, cam-alltach, lùbach,
Glas-ghlacach, cas-leacach, bras-uisgeach siùbhlach
Dh'fhalbh mi aig astar, le cuibhlichean òir.

Ràinig mi Glaschu ro chiaradh na h-oidhche
'S chaidh mi dhan inter-net cafaidh a chraoladh;
Chuir mi puist-dealain a-mach feadh an t-saoghail
'S às deoghaidh mo churry chaidh mi dhan taigh-òst'.

Moch madainn màireach 's ann dh'fhalbh mi dhan ear-dheas,
Dèanamh air Sasainn is Lunnainn nam fearalas;
Ràinig mi Dòbhair is leum mi air hovercraft
'S rinn mi 'n Roinn Eòrp' dheth aig deireadh an lò.

Amsterdam, Paris is Baile na Ròimhe,
A' Bhruiseal 's Sinìobha is làrach na Tròidhe –
Chunna mi am Pàp agus iomadach seòd ann,
'S mus tàinig a' mhadainn san Tuirc bha mo bhròg.

Tarsainn a' Bhosporais 's mi rinn an seòladh,
'S raidhdig mi 'm baidhsagal suas tro Georgia,
Seachad air Moscow 's Leningrad 's 'n còrr dheth,
'S ràinig mi Sìona gun rùsg air mo thòin.

A-null am Pacific air bàta na carago,
Tro ghàbhaidhean iongantach subhaileach fairgeach,
Tostanach, lostanach, bostanach, garga
Gus an do ràinig mi Hawaii Five-o.

'S ann rinn mi à sin air tìr-mòr nan Stàitean,
Dùthaich nan saor is nan caileagan cràbhach;
Chunna mi cowboys a-muigh air na sràidean
Nach maireadh aon là ann an Innis nam Bò.

Thill mise dhachaigh an uair sin air plèana,
A' sgiathadh tron iarmailt mar iolaire-grèine,
Nam laighe nam chadal 's ag ithe nuair dh'èirinn,
'S am baic air a chliathaich shìos anns a' hold.

Air ais ann an Alba, 's mi rinn a' chabhag
Air trèana à Glaschu dìreach a Mhalaig;
Ach a' teàrnadh a' bhealaich air ais ann an Stafainn
'S ann fhuair mi am puncture a chrìochnaich mo sgeòil.

O, puncture na mollachd, na mallachd 's na tùrsa,
A chuir stad cho cliobach air mìorbhail mo chùrsa:
B' fheudar dhomh 'n uair sin am baic ud a ghiùlain
Suas air mo ghualainn mar dhuine gun dòigh.

Seo mi a-nis air ais ann an Uibhist
Le mo bhaidhsagal spaideil briste is tùrsach;
Tha na cuibhlichean cam 's na gìors uile lùbte,
'S tha amharas agam nach ghluais mi a-chaoidh.

Sonaid

Tha iad ag ràdh nach eil an t-sonaid feumail
dha na Gàidheil: gur e as dual dhuinne
na dàin fhada a' moladh nan ceann-feadhna
no an lioraic ghoirid is na h-òrain luinneig.
Mar gun glacadh aon duan leis fhèin
lìonmhorachd do bhuaidh 's do ghaoil,
's mar gun dèanadh aon chànan a' chùis
air mìorbhail iongantach do ghnùis. Saoil
nach e dàn na h-Eadailt – an t-sonaid mhilis –
an dòigh as bòidhche airson nam filidh?
An rud a chleachd Uilleam Mòr 's Iain Donn,
nach airidh thusa air an dearbh fhonn?
Seo mo dhàn cuimir dhuts', a luaidh,
cleas an Rosaich, gu Latha Luain.

Sonetto

Dicon che il sonetto non s'addica
Ai Gaels: a noi son tradizione
Il lungo canto della gloria antica,
O breve lirica, e la canzone.
Ma una lirica sola non coglie
Del valor tuo e dell'amor la copia,
Né una lingua può le meraviglie
Dir del volto tuo. Non credi sia
Dell'Italia il e dolce sonetto
Pe' i Bardi il magnifico strumento?
Di Uilleam Mor e Iain Donn il vanto.
Non sei tu degna dello stesso canto?
Amore, finché Giudizio non venga,
Come Ross, il verso mio ti giunga.

(translated into Italian by Fulvio Savagnone and Aideen O'Malley)

Nighean Mhòr Chorghadail

Bha i ro gach nì.

Mharcaich i an t-each
lom thairis air an fhadhail
gu Ròcal.

Dh'ith i duileasg is creamh
's thionail i crioslachan chnò
on choille.

Dh'òl i mil
mus do bhàth a' mhuir an tìr,

a' pronnadh gach fianais
ach na gràinean.

The Great Maiden of Corrodale

She was before all things.

She rode the pony
bareback over the strand
to Rockall.

She ate dulse and wild garlic
and gathered apronfuls
of nuts from the forest.

She drank honey
before the sea drowned the land,

removing all evidence
but the grains of sand.

Bàrdachd

Tha i mar bharaille de sgadan saillte:
chan eil agad ach do chròg
a stobadh ann, agus dòrlach a thoirt a-mach,
reamhar is tiugh leis a' bhuntàta.

Stob
an t-ìm na mheasg
agus tha cuirm agad: Eliot is Donnchadh Bàn,
le do làmhan rùisgte. Seachain
forca is sgian: fàg sin aig na sgoilearan.

Nuair a thig thu gu bonn a' bharaille
sgròb na craicinn ri chèile,
dean ràth chnàimhean,
lìon lannan
's tilg sin thairis
dìreach mu àm reothairt.

Ma ghlacas tu adag,
thoir leat i: nuair tha an sgadan
gann, nì easgann fraighte fhèin a' chùis
san acras.

Poetry

It's like a barrel of salt herring:
you only have to stick your paw
in, and lift a handful out,
thick and juicy with the tatties.

Pile
the butter in the middle
and you have a feast: Eliot and Duncan Bàn,
eaten with your bare fingers. Don't use
a knife and fork: leave that to the scholars.

When you reach the bottom of the barrel
scrape the skins together,
make a raft of bones,
a net of fine filament,
and fling it over the side
just after the spring tide.

If you catch a common haddock,
take it anyway: in the absence
of a fat herring even eels
taste fine when deep-fried.

Iùdas air Cnap-deighe

air fhaicinn le Naomh Brianan air a thuras

Chan fhaca sinn e an toiseach
anns an t-sìorraidheachd gheal.

Bha sinn air a bhith seòladh
siar cho fada. Èirinn fhèin

cho uaine
nuair a dh'fhàg sinn, 's ceò

fad an rathaid gu tuath
fo stiùir nan reultan-iùil,

's nuair a shaoil sinn uile caillte
mhothaich sinn dha, na laighe

shìos air cnap-deighe, a' gabhail fois
fhionnar an là. Latha

mach dha, duais fhuar
airson aon choibhneas uaireigin

an t-saoghail, mus do dh'fhag na buinn
trichead e an seo, na chrith.

Judas on an Iceberg

as seen by St Brendan on his voyage

We didn't notice him at first
in the eternal whiteness.

We'd been sailing west
for such a long time. Ireland

was of course green
when we left it, then

the fog all the way north
guided by the polar stars,

and when all seemed lost
there we saw him, lying

down on an iceberg, basking
in the cool of the day. His

single day out, a chilling reward
for a solitary kindness done once

upon a time, before the thirty pieces
of silver left him here, shivering.

Gràmar

'Cha chuir duine fìon nuadh ann an seann searragan: no brisear na
searragan, agus dòirtear am fìon'
Mata 9:17

Na searragan uile briste mum chasan
agus am fìon air a dhòrtadh air feadh an t-saoghail mhòir:
a liuthad soitheach a dh'fhàg ar dùthaich,
agus am fìon ud a bha cho milis aon uair
a-nis air àicheadh dhomh, le mo thoil fhìn.

An cunnart
a bha an lùib nan seann dòighean:
ruitheam nan òran
agus rannaigheachd nan dram,
mar gun cumadh tu saoghal le cèilidh.
Ho-ro-illean,
is bitheamaid sunndach.

'S an t-òran nuadh cho
a-tònail, 's an Somme
agus Vietnam nar màileidean,
jazz fom achlais an àite fàd mòna.

'S toigh leam Cage.

Gràmar ùr na Gàidhlig
'son rud a tha nis na bhloighean: sgàilean
a' fosgladh anns a' ghaoith
agus a' dol na shiofagan
air latha fiadhaich foghair.

Grammar

*'Neither do men pour new wine into old wineskins: if they do the skins
will burst, and the wine will run out'*
Matthew 9:17

The wineskins all shattered at my feet
and the wine scattered throughout the wide world:
the many ships which left our country,
and that wine which was once so sweet
now forbidden to me, by my own will.

The danger that was
entangled with the old ways:
the hypnotism of song
and the rhythm of whisky,
as if you could retain a world through a ceilidh.
Hò-rò, lads,
and let's be jolly.

And the new song so
atonal, and the Somme
and Vietnam in our pouches,
jazz under my arm instead of a peat.

I like Cage.

The new grammar of Gaelic
for a thing now in tatters: an umbrella
opening in the wind
and torn to shreds
on a wild winter's day.

Naomh Pòl

Mar gabhail ri cnoc-eighre
le lasair-teine: mu dheireadh thall,
leaghaidh e.

An toiseach,
na h-oirean as buige, 's an uair sin
an cridhe cruaidh a bha reòthte o linn na deigh.

Neo
gabh an taobh eil' e cuideachd:
tilg cnap-deighe
dhan teine: dìteadh bras, agus fliche.

'Eil teine ann nach tèid a mhùchadh?

An solas a' dalladh, dalladh an t-solais.

Mar as sine dh'fhàsas mi
's ann as motha m' eud
air a' mhìorbhail: eanchainn air theine,
an cridhe a' goil, ecuator is artaig ceangailte.

Fear na teadhair
is fear na saorsa: am buachaille agus a' chaora chaillte.

Cionnas
ach tro ghràs
a thug an donas dhuinn an dàn?

Saint Paul

Like attacking an iceberg
with a blow-torch: ultimately,
it melts.

At first,
the snowy edges, and then
the hardened centre frozen since the ice age.

Or
take it the other way round:
fling a block of ice
into the furnace: an instant liquefaction, and steam.

Is there a fire which cannot be extinguished?

The light blinding, the blinding of the light.

The older I get
the more I envy
the miracle: a mind on fire,
a heart boiling, an equator and arctic entwined.

A man tethered
and free: both the shepherd and the lost sheep.

How
but through grace
did the devil give us the poem?

Stuagh-mara

Gun Chanute na Gàidhlig
bha sinn bàthte

gun duine a sheasadh
a' bacadh na mara:

cùrsa ar beatha
lìonadh is tràghadh.

Bha Seonaidh againn gun teagamh
a bhiadh sinn a dh'aindeoin –

neo air sgàth – gach bàthaidh
's iomadh bàrd a thug dhuinn dàn

na h-ataireachd àird.

       Ach
chaidh i thairis a dh'aindeoin a' bhalaich

a lorg sinn gus òrdag a stobadh
sa bhalla. Bha e ro thana – air stàrbhadh

le cinn a' bhìdh 's ag ràdh
nach do dh'ith e o linn Chùil Lodair,

's am buntata air lobhadh 's a' chlann
air siubhal gu cogaidhean cèin. Thuirt

e gun robh dubh-ogha reamhar aige an Ameireagaidh
aig nach robh cead-siubhail, oir bha e

poilitigeach   mearachdach.

Wave of Change

Having no Canute in Gaelic,
we were acutely disadvantaged.

No one to stand there hand upraised
forbidding the ocean to come further:

our lives were demarcated
by the passage of tides.

Oh, we had the sea-god Seonaidh all right,
whom we fed despite – or because –

of the drownings, and so many great
bards to write about the eternal

power of the surging sea.

                    But
it swamped us despite the boy

we found to put his thumb in the
dyke. He was far too thin – claimed

he'd been starved of food and hadn't
eaten since '45, and that the potatoes

had blighted and that his children had gone
away and died in wars overseas. Said

he had a very fat American great-great-grandson
but he had no permission to enter, being

politically   incorrect.

Choimhead mi air grunn làithean, a' caismeachd
sìos is suas an tràigh, a' togail

bhloighean feamainn 's gan tilgeil
gun mhothachadh dhan chuan. Shuidh

e an uair sin air creig a' feitheamh
ri lìonadh na mara,

a thug cho fada.

                        Aon,
thuirt e, dhà, trì, ceithir, còig, sia.
Agus seachd.

B' e an t-seachdamh stuagh a thaom
thairis air le cop tiugh

geal 's e falbh gun lùths a-mach
leis a' mhuir-làn an iar air Orasaigh.

                  Mar sin,
ghabh mi àite, gam chrathadh fhìn

's a' guidhe gach oba sean is nuadh.
Sheinn mi 'Soraidh leis a' Bhreacan Ùr'

's 'Cànan nan Gàidheal' 's ghairm mi
an Rebholution, ach bha gach neach ro sgìth

neo marbh neo trang 's cò an diabhal mise co-dhiù
'son innse do dhuine sam bith mu strì.

Thraogh an cuan,
's thàinig fèath air an tìr.

I watched him days on end, pacing up
and down the shoreline, picking up

strands of seaweed and flinging them
listlessly into the sea. He then

sat upon a rock and waited
for the incoming tide,

which seemed to take forever.

                              One,
he said, two, three, four, five, six.
And seven.

And of course it was the seventh wave
which floated over him in white

billows as he struggled helplessly, going
out with the great tide, west of Oransay.

                        So
I took his place, girding my aged loins,

calling up all the new and ancient charms.
I sang 'Soraidh leis a' Bhreacan Ùr' and

'Cànan nan Gàidheal' and called for the
Revolution, but everyone was too tired

or dead or busy and who the fuck was I
anyway to tell anyone which way to move.

The sea receded,
and a dead calm came upon the land.

Sheinn na h-eòin, 's ruith clann le iteileagan
air an tràigh, 's às dèidh làimh dh'imlich

sinn uile reòiteagan mìn.

Nach mìorbhaileach
am muran: an dòigh a cheangaileas

e gainmheach ri talamh, gus nach tèid sìon
a dhìth. Tha ar ròpannan a' cumail na mara

fo smachd, 's ma tha ciall sam bith an cànan,
ceanglamaid na sithfeinean còmhla 's mar

a shnìomhas e tron ghainmhich crioslaichidh e
gràn ri freumh gus an seinn am machaire

laoidh gun tug sinn buaidh a dh'aindeoin na gràin
a bh' againn air gach duine. Thig gach nì

am follais aig a' cheann thall. Dèanamaid ùrnaigh
gum bi sinn làidir anns a' chiaradh: nas treise na crìonadh,
cho treun 's gun cuir ar nàbaidheachd iongnadh oirnn,
's gum bàsaich sinn le gràdh a dh'aindeoin stuagh thar stuaigh
's an àite bàthadh sinn a' seòladh nan tonn airson an fheudail

a bhuineadh dhuinn mus tug sinn e gu socair do bhana-dhia
na mara. Na dèanamaid adhradh dhi tuilleadh

fiù 's ann am fearg neo mulad.

Thuige seo

's chan ann nas fhaide: tha sinn ga àithneadh, ann an spioraid
Chanute is Hans Brinker, an ainm Dhè.

The birds trilled, and kids with kites ran
along the shore, and afterwards we all licked

ice creams.

                              I marvel
at the marram grass: the way in which it binds

the sand and holds the land together, so that
no one will ever die. Our ropes hold the ocean

back, and if language has any meaning let
us tie the strands together and, as it winds

between the dunes, do its work of knitting
grain to root until the machair-land sings

that we have done it despite
the hatred we had for each other. It finds

us out, one way or another. Let us pray it
finds us brave: braver than decay, so brave that
we astonish ourselves with our goodness, and die
of love as breaker after white breaker charges, and instead of
drowning we surf the waves for the treasure

which was always ours before the sea goddess took it
and we bowed down. Let us not worship her anymore

even in anger or despair.

                              This far

and no further: we command it, in the spirit
of Canute and Hans Brinker, in the name of God.

Suidhisnis

A' chamhanaich mar sgàthan.
Mo bheachdan uirsgeulach.
Tarsainn a' chaolais,
tha sgioba-telebhisean a' pacadh an uidheim.
Eachdraidh uile-dhitseatach.
Na Fuadaichean, mar dhealan is ainglean,
air an teannachadh gu bann film:
clachan is lasairean is ceòl.

Bha amharas orm gun èireadh
a' ghaoth, agus seo i nis a' tighinn
às an iar,
a' sèideadh èibhleagan na h-èis.

Suisnish

Dawn like a mirror.
My perceptions fictitious.
Across the firth,
a television crew is de-rigging.
History digitalised.
The Clearances, like electricity and angels,
released in the new media:
images and flames and music.

I suspected the wind
would rise, and here it comes
out of the west,
fanning the flickering embers.

Eapaig

Thig an tè
a chruthaicheas
an ath eapaig
Ghàidhlig

o bhonn na mara.

Cha bhuin i dhan talamh:
tha corailean beò air tulgadh.

Bidh Mac Mhaighstir Alasdair
mar chreag dhi, marbh, balbh.

Thig i le a h-òran fhèin,
a' sèideadh bholgain-ciùil,
ann an ainm Cholm Chille
no Sheonaidh Treoncaidh no Tiara Xing
agus bidh a cànan
mar allt an t-siùcair, air madainn

chùbhraidh chèit.

Epic

The creator
of the next
Gaelic epic
will rise

from the bottom of the sea.

She will not belong to earth:
corals thrive on agitation.

Mac Mhaighstir Alasdair
will be like a rock to her, dead, dumb.

She will arrive with her own song,
blowing a bubble of music
in the name of Columba
or Seonaidh Treoncaidh or Tiara Xing
and her tongue
will be like the babbling brook on a bright

morning in may.

An Turas Ud

That Time

An Traon / The Corncrake

’S fheàrr na mìorbhailean
neo-fhaicsinneach.

The best miracles
are unseen.

An latha
rugar thu gun fhiost dhomh

The day
you were born unknown to me

’s nuair a chunna mi thu

and when I saw you

bha cruinne-cè ri fhiosrachadh

a universe was to be discovered

nach tigeadh am follais gu bràth

that would never be exhausted

mar shaoghal an traoin

like the world of the corncrake

taisgt’ ann an ceòl an fhuaim.

heralded in the music of the call.

O

Beag
neo mòr,
tha an cearcall

coileanta. Nuair
a dh'eug thu
cho òg,

cha robh am bann
dadam na bu lugha na buaile
na gealaich air oidhche geamhraidh.

O

Sùil na h-Èipheit: an t-omicron Greugach,

's an O eile, an tè mhòr: Omega.

Ex nihilo:
am broinn gach O iomlain, falamhachd.
Air taobh a-muigh gach nì, O.
O cuideachd zero.

An O Cheilteach agam – neoni gun chrann.

O

Small
or big,
the circle

is perfect. When
you died
young

the sphere was not
a mote less broken than the halo
of the moon on a winter's night.

O

The eye of Egypt: the Greek omicron,
and the other O, the big one: Omega.

Ex nihilo:
inside every round O, emptiness.
Outside every thing, O.
O also zero.

My Celtic O – nothing minus the cross.

An Turas Ud

'S fheàrr tighinn air cuimhne gun fhiost,
nuair tha thu dràibheadh sìos an M1
neo am pìos lùbte singilt' ud air slios
cumhang na Comraich, 's bho oir na sùla

chì thu gun dùil fiadh a' leum cho furasta
thar feansa 's cuimhnichidh tu
mar a bhios itealain a' teàrnadh. Cleas
an turais ud aig Barajas nuair bha am plèan

sia uairean air dheireadh 's chosg thu an latha
sgrìobhadh dhàn dhi anns na làithean ro-
theacsach ud, a' sgròbadh diofar dhòighean
an aon rud a ràdh, a chaidh à sealladh sa bhad

a ruith i tarsainn làr a' phuirt-adhair, sgaraichte
bhuat le na h-innealan a' sgrùdadh a bodhaig,
mus do leum thu, cho mì-chinnteach ri fiadh
thar an àrd-fheansa a bha eadar thu 's a cliabh.

That Time

Best to stumble across memory,
when you're driving down the M1
or that switchback single-track bit
on the way to Applecross, and you

suddenly catch a glimpse of a deer
easily leaping a fence and remember
how aeroplanes descend. Such as at Barajas,
that time the flight was delayed for

six hours and you spent the whole day
writing poems for her in those pre-
text-message times, scribbling different ways
to say the single thing which you instantly

forgot the moment she ran across the
concourse, separated from you by the
machines which scanned her body before
you leapt, uncertainly, over the high fence.

Geallaidhean

Cha gheall mi dhut
ach na rudan
nach tèid agam air a dhèanamh:
miotagan à iteagan na h-iolaire,
brògan à craiceann fulmaire,
lèine shìoda à dealt canach an t-slèibh.

Ach geallaidh mi seo dhut:
gach uair a chì mi iolaire,
neo fulmaire neo dealt canach an t-slèibh,
rùisgidh mi thu gu do chlèibh.

Promises

I will promise you
only the things
I can't give:
gloves from the feathers of an eagle,
shoes from the skin of a gannet,
a silken shirt from the bog-cotton dew.

But I promise you this:
every time I see an eagle
or a gannet or bog-cotton dew,
I will undress you.

Trìthean

1.

Trìplichte o àm breith
nochd sgàineadh beag

a dh'fhàg an glòb
na sgealban.

2.

Achadh ceithir-cheàrnach.

Seonaidh

daonnan a' tòiseachadh ear-thuath
an achaidh. Às a sin

dol deiseil gu slaodach

treabhadh gu
tional

gus an robh bhliadhna seachad 's an cearcall
a' tòiseachadh a-rithist.

Tha GPS
toirt dhuinn uile a' chothruim
am machaire a thomhas, uilinn
a-mach an uinneag san dol-seachad.

3.

Thig srainnsearan suas gum chèile,
aoibhneach gu bheil i trom. A' cur
an làmhan timcheall a stamaig cruinn
mar gum buineadh an saoghal slan dhuinn.

Triptych

1.
Triple-glazed from birth
a tiny crack

ultimately
caused the globe to break.

2.
The field was four-square.

John

always began at the north-east
of the field. From there,

he moved very slowly sunwise,

ploughing towards
gathering

until the year was over and the cycle
began again.

GPS
gives us all the opportunity
to appraise the machair, an
elbow out the window as we cruise.

3.
Complete strangers approach my wife,
joyful at her pregnancy. They cup
their hands about her stomach round
our unborn child as if it was their own.

Amour

mar chanach nan speuran

do chìochan
mar dhruidean beaga
sa chèitean.

Nach iongantach
am mòr-sgeul: an iarmailt
a thàinig às an t-sìol ud.

Amour

like the white cotton of the heavens

your breasts
are tiny wrens
in may.

How remarkable
the metastasis: the universe
which emerged from that pore.

Oidhche Shàmhach

Ne creid e: cha chuala mi riamh
uimhir a dh'fhuaim 's a chuala mi
an oidhch' ud.

    Na cailleachan-oidhch'
a' gugadaich, neas a' bìgeil, radain a' sgreuchail:
gach ainmhidh anns a' chruinne-cè a' reubadh.

'S air an oidhche shàmhach, oidhche chiùin ud,
chan e a-mhàin ràn an leanaibh,
's ceòl nan ainglean,
ach dìosg sat-nav reul
nan cìobair, 's rian Heroid a' dol dubh.
                     Rachel
a' bristeadh airson na cruinne.

B' e sin an oidhche
a fhuair mi na sùilean infra-dhearg,
's a chunna mi

daolagan is mathain,
fiù 's na taibhsean fhèin,
a' gluasad feadh nan craobhan. Bha Inbhir Nis
dorcha, agus an sliabh
shuas taobh Abhainn Chluaidh
mar a' choille ghruamach, le nead-phàipeir
aig gach ainmhidh.
Is nì eagalach tuiteam gu talamh à nèamh.

Mar èirigh gu nèamh à talamh,
's an dorchadas a' sgiamhail às do dhèidh.

Silent Night

Don't believe it: I never heard
as much noise as I heard
that night.

     The owls
hooting, a weasel squealing, a rat crying:
every animal in the whole universe dying.

And on that silent night, that peaceful
night, not just the cry of the child,
and the angels' song,
but the sat-nav hum of the shepherds'
star, and Herod's reign gone wrong.
         Rachel
breaking for the world.

That was the night
I acquired infrared vision
and saw

beetles and bears,
even the very ghosts
moving through the trees. Inverness
was dark, and the walkways
above the Clyde
like the Canadian forest, a cardboard-nest
for every animal.
It's a fearful thing to fall to earth from heaven.

Like rising to heaven from earth,
and the darkness wailing behind you.

Maothalachd

'Dè, a ghaoil, a nì mi riut
Gun bhainne-cìche agam dhut?
Eagal orm gun gabh thu crup
Le buigead a' bhuntàta.'
(seann tàladh)

Tha mi tioram, seac,
's gun nì air thalamh
na mo bhroilleach
a chumas beò thu.

Tha am buntàta loibht
's na h-achaidhean lom,
's gun sìon agam dhut
ach tàladh anns a' ghoirt.

Ghais an saoghal
le fuachd is fline
is lobh gach nì
ach an gràdh.

Tha Èden nam uchd agus
a-mach às an fhìon-lios sin
tha mi tairgsinn dhut
craobh-ubhail mo ghaoil.

Sgadan nan òran,
buntàta nan dàn,
bainne mo chrìdh'
air an tràigh bhàn.

Tenderness

'What, my love, will I do with you
Since I don't have breast-milk for you?
I'm filled with fear you'll catch consumption
With the potatoes also withering.'
(an old Gaelic lullaby)

I am dry, withered,
without a single droplet
in my breast
to keep you alive.

The potatoes have rotted
and the fields are empty,
and all I have for you is a lullaby
in the famine.

The world has shrivelled
with cold and frost
and everything has died
except tenderness.

Eden is in my chest and
out of that orchard
I offer you
the apple-tree of my love.

The herring-song,
the potato-poem,
the milk-psalm
on the barren shore.

Fuidheall an Tàilleir

Mura b' e na puirt-à-beul
bhiodh an greusaiche gràdhach
's an taillear crùbach
's an gobha garbh marbh.

Tha iad beò dìreach nan ruitheaman
èibhleagach air bilean an t-sluaigh.

Chan aithne dhòmhsa
aon tàillear no aon ghreusaiche
no aon ghobha air an eilean:
chan eil air fhàgail ach am fuidheall
aig a' chèilidh,
far am bi mi a' tadhal an-dràst' 's a-rithist
rùisgte, air each beag cuagach, 'son an dannsa-ceum,
's a' tilleadh
le luideag bhrèagha a' còmhdachadh mo chuid.

The Tailor's Remnants

Were it not for the mouth-music,
the sweet shoemaker
and the tardy tailor
and the swarthy smithy would be dead.

They live like flickering
rhymes on tongues.

I don't know
a single tailor or shoemaker
or smithy on the island:
all that remain are the remnants
of the ceilidh,
where I go now and again
naked, on a small crippled horse, for the step-dancing,
and return
with a lovely rag covering the bare essentials.

Tìm

1.

seann tractar a th' innte,
a' dol air dholaidh.

Prìosanach,
le slabhraidh ceangailte
mu h-abhrann.
Leag i balla a' ghàrraidh,
's gach oidhche, mu mheadhan-oidhche,
buailidh i an taigh le
òrd-mòr, a' crathadh 's a' sgàineadh
mo chrìdh'.

2.

Tha tìm
aotrom. Cho aotrom
ri bailiùn.

Seall air mo bhalach beag
a' sèideadh,
's an ogsaidean ag èirigh dhan iarmailt
sìorraidh anns a' ghorm.

Time

1.
is an old tractor,
going to ruin.

A prisoner,
ball-and-chain
about her ankles.
She felled the garden wall,
and every night, around midnight,
batters the house
with a sledgehammer, shaking and cracking
my foundations.

2.
Time
is light. Flimsy
as a balloon.

Look at my little boy
blowing
and the oxygen ascending into the
forever blue sky.

A' Tional

B' aithne dhomh fear
nach gluaiseadh gun sàbh na chois:
ann an tòin a' chàr
bha an sàbh-peatrail

air eagal
's gum faiceadh e bloigh fiodh
ann an dìg an rathaid, no planca air cladach,
no geug air tuiteam sa choille.

Cuideachd
bha sgian aige
ann am pòca-sliasaid na briogais
air eagal 's gum faiceadh e
fiadh air fireach
no breac air linne
no slat an coille.

Mar am bàrd,
sùil a-mach airson creach:
nach àlainn a' bheinge a rinn e a-mach à stoc-craoibhe,
an teàrnadh a thug e à call.

Gleaning

I knew a man
who wouldn't move without a tool to hand:
in the back of his van
a petrol-driven saw

in case
he spotted a bit of junk
in the roadside ditch, or a plank
on the shore, or a fallen branch
on the forest floor.

Also
he carried a knife
in the back pocket of his overalls
in case he caught sight
of a deer on the moor
a trout in a pool
a wand in the wood.

Like the poet's call,
an eye for the spoils:
how beautiful the bench he made out of an old tree-trunk,
the salvation he carved from the wood's fall.

Mar Chuimhneachan air Iain Mac a' Ghobhainn

Cha robh fhios againn dè bh' againn:
an Ceusar tana seo am measg nan cinneach,
an Greugach air Beinn Dòbhrain, e mar am fiadh
na inntinn, luasganach, mireanach, beiceasach,
easgannach, sìnteach sìos Combie Street
agus an *Scotsman* fo achlais: tòimhseachan-tarsainn
eile ann am priobadh na sùla.

       'S air an fheasgar,
an obair mhòr, eadar a mhàthair agus am Bìoball,
a' cladhach ann an cladhan a shluaigh, mireanach,
tùrsach.

Ball-coise
a' leum na eanchainn
air an raon lom: aon bhreab (bho Socrates)
agus siud Iain sìos cliathaich na pàirce
mar dhamhan-allaidh le sgiathan, agus an nobhail
aig a chasan dol na dàn, na dealbh-cluich,
a-steach dhan lìon. Sin thu fhèin, a bhalaich;
sin thu fhèin, a laoich.

Tha mi gad chaoidh a-nochd,
Iain, air raon-cluich nam bàrd a tha beò.

In Memory of Iain Crichton Smith

We had no notion what was in front of us:
this thin Caesar among the savages,
the Greek on Ben Dorain, his mind
like a deer, restless, lively, darting,
elusive, striding down Combie Street
with the *Scotsman* under his oxter: another
crossword in the twinkling of an eye.

                          And in the evenings,
the epic work, between his mother and the Bible,
digging in the mounds of his people, joyful,
despairing.

A football
leaping in his mind
on the bare park: one kick (from Socrates)
and there goes Iain down the sideline
like a spider with wings, and the novel
at his feet becoming a poem, a play,
flying into the net. Well done, lad;
great goal, son.

I miss you tonight,
Iain, on the green field of the playing bards.

Duslach

gainmheach gam chòmhdachadh

gun sgur
gràinean eadar m' òrdagan

's chì mi na stuaghan
's na clèibh a' tighinn
agus, daonnan, far an deach R. a bhàthadh.

gu cinnteach
chì mi an rud a chreideas mi.

tha mi creidsinn
gu bheil a' ghealach air a dèanamh à càise
's gu bheil gach trian-cheàrnagach co-ionann

ach aig ceann gnothaich
seo: nach robh ann an duslach gu duslach

ach tùs
an taisbeanaidh.

Dust

sand possesses me

afterwards
grains still cling to my toes

and i remember the surf
and the creels being hauled
and, of course, the bay where R. drowned.

naturally
what i know is what i believe.

i believe that
the moon is made of cheese
and that all right angles are congruent

but mostly,
i believe this: that dust to dust

was only the genesis
of a revelation

Gathan

Lorg iad far nach eil dùil. Do shinnsearan,
tha mi ciallachadh. Mar eisimpleir, aon latha
nam sheasamh san t-sreath an Jenners nochd
seann bhodach air a threòrachadh gu cinnteach

le cù gu cunntair nan cùbhraichean. 'S an sin,
spreadh boireannach òg boinne às dèidh boinne
de dh'ola-chùbhraidh caol a dhùirn, a thog e
gu faiceallach gu chuinnlein mus do dh'fhairich

e gach botal, a' taghadh an fhir air an robh ochd
taobhan. Bhiodh m' athair gu math cùramach le
innealan-saoirsneachd. Bhiodh e cumail ola-
faobhrachaidh nan gilbean ann an seann bhotal

air an sgeilp, 's nuair bhoillsgeadh a' ghrian a-steach
tro lòsan na seada sgàineadh i na h-ochd gathan.

Rays

Find them where you least expect. Your ancestors,
I mean. For example, one day as I stood in the queue
at Jenner's an old man entered, guided
by his dog who with great certainty led him

towards the cosmetics department. And there,
a young woman sprayed sample after sample
of after-shave all over the back of his wrists, which
he smelt individually with great care before feeling

the bottles and selecting the one which had the
octagonal shape. My father took great care
of his carpenter's tools. He kept the citronella oil
for whetting the chisels in an old bottle high on the shelf,

and when the sun filtered through the window of his shed
on these long summer days, it would split into eight rays.

Bogha-fhrois

Tha an gràdh dorcha. Fuilingidh e
geamhradh air a' Chliseam, is ceò
air an t-Seine. Tha e domhainn mar
Uibhist, a' dol air ais gu Genesis.

Tha e mar locha anns an dìle dheàrrsach.

Mar sin,
a dh'aindeoin gach suirghe
tha mi fhathast ann an gràdh: a dh'aindeoin
am Boulevard de Richelieu, agus Molly Malone,
agus fiù 's Losgaintir,
tha seo air fhàgail:

machraichean Uibhist
agus Iain Sheonaidh
na chrùb anns an dìle bhàthte, agus thusa,
mo ghràidh daingeann, a' seasamh tro
gach frois is bogha.

Rainbow

Love is dark. It will suffer
a winter on the Clisham, and fog
on the Seine. It is cavernous, like
Uist, which goes beyond Genesis.

It is like a loch in the pouring rain.

Therefore,
despite every desire
I am still in love: despite
the Boulevard de Richelieu, and Molly Malone,
and even Luskentyre,
this remains:

the machairs of Uist
and Iain Sheonaidh
crouched in the pouring rain, and you,
my darling, steadfast, through
every deluge and bow.

Latha Earraich

Cheana, chan eil ann ach a' chuimhne,
's tha sin fhèin air fàs mearachdach –

am b' ann buidhe no gorm a bha na cùrtairean,
agus an e gràdh no dìlseachd a b' adhbhar

dha? Bha na reultan a' deàrrsadh a-rithist
a-raoir, agus na speuran ri crunluath-a-mach

fo mheòir Phàdraig, a dh'aindeoin an t-soisgeil
ùir a tha cho aosta ri na creagan, seann cheòl

nan drumaichean. Tha mo bheatha
mar phlaide air a filleadh suas, mar achadh

a chaidh a threabhadh ann an linn eile
mus deach an acfhainn a chrochadh air falbh.

Tha mi mar choigreach anns an taigh-chèilidh,
far a bheil am fion dealantach a' sìoladh. Tha fàileadh

na mo chuinnlein: sgonaichean an àiteigin
air a' ghreideil, agus fuaim na mo chluasan:

sgread na curracaig a' ceilearadh air latha earraich,
aon chuimhne chaoin a tha gun mhearachd.

A Spring Day

Already, it is all memory,
and even that is flawed –

were the curtains yellow or blue,
and was it love or duty that was the cause

of all? The stars were shining again
last night, and the heavens piping

under Patrick's fingers despite the new
gospel as ancient as the rocks, the primitive

music of the beating drums. My life
is like a crumpled blanket, like a field

ploughed in another century
before the harness was hung away.

I am a foreigner in the ceilidh-house,
where the electricity flows like wine. There is a fragrance

in my nostrils: scones somewhere
on a griddle, and a noise in my ears:

the swelling song of the peewit on a spring day,
the immaculate conception of my childhood years.

Sneachda

Fhad 's a bha mi nam chadal,
bha i a' cur an t-sneachda:
bleideagan mìn nam millean mìle
nan car a' mhuiltein sàmhach, mar
gun robh gach atom a bha san t-saoghal
a' taomadh às na speuran. Ràinig
iad mo chom 's mi mar sheann chaora
dol fodha sa bhoglaich, mar dhaolag
nan duilleagan.
   Nuair dhùisg mi sa mhadainn
b' e latha brèagha earraich a bh' ann, uaine 's
gorm: a' chlann bheag a' mireadh air an fheur,
an uiseag a' ceilearadh os ar cionn.

Snow

While I slept
it snowed:
a thousand million flakes
tumbling silently, as if
every atom in the universe
was falling from the skies. They reached
as high as my chest, and I like an old sheep
sinking in the bog, like a beetle
beneath mulching leaves.
             When I woke in the morning
it was a beautiful spring day, green and
blue: the children playing on the grass,
the lark singing its little heart out.

Imrich

Nuair chaidh mo dhaoine
fhuadach a Chanada
thug iad ainmean Gàidhlig
air glinn nam Míkmaqs. Choisrig
iad limbo.

Nam dhachaigh ùr,
tha mi nam dhùisg tron oidhch'
a' tomhas mo shaoghail,
mo chridhe a' clàradh na dùthcha ùir
air eagal 's gum buail mi balla
air mo rathad dhan taigh-bheag.

Chan e astar an trioblaid:
le bhith gluasad òirleach
tha thu 'g imrich gu bràth.

Moving

When my people
were cleared to Canada
they gave Gaelic names
to Míkmaq glens. They re-christened
limbo.

In my new home
I surround myself with the familiar:
the clock just there, and the photograph
slightly to the left above the fire.

At night,
I lie awake
calibrating my surroundings,
my heart charting the new topography
so I won't smash into a wall
on my way to the toilet.

Distance is never the problem:
to move a single inch
is to emigrate forever.

Cloc

Tha e 8 u.f.

Cà
'n deach na h-uairean
on a dhùisg mi
neo-mhothachail
air an uisge, 's na h-eòin a' ceilearadh?

Air sàilean na camhanaich
chuala mi mo mhàthair
a' seinn, 's an ath rud
chaidh mo thoirt tarsainn na cruinne
air bàta-pàipeir a leagh
aig an treas lòn.

           Meadhan-latha
làn grèine. Boinnean cruaidhe
reothaidh, sliseagan-deighe, cur
an t-sneachda fad an fheasgair

gus an do las na lampaichean
is fàileadh teine-fiodha.

Tha mi 'g ùrnaigh
gun dùisg mi aig meadhan-oidhche
gu fuaim na gaoithe anns na craobhan.

Clock

It is 8 p.m.

Where
have the hours gone
since I woke
unconscious
of the rain, and the birds singing?

Just after dawn
I heard my mother's
lullaby, and next thing
I was taken across the world
on a paper-boat which dissolved
at the third deep pool.

                    Midday
was all sunshine. Sharp hoars
of frost, hanging icicles, sleet
fell all afternoon

until the evening lamps were lit
and I smelt a wood-fire kindling.

I pray
that I shall wake at midnight
to the sound of the wind in the trees.

ANGUS PETER CAMPBELL is a poet, novelist, journalist, broadcaster and actor. He was born and brought up on the island of South Uist. When he was twelve, his family moved to the Oban area, and he attended Oban High School, where he was taught English by Iain Crichton Smith, who had a huge influence on him. Campbell went on to study Politics and History at Edinburgh University, where he was equally influenced by the late Richard Ashcraft from California, and also by Sorley MacLean, who was a writer in residence at the time.

After university, he worked as a journalist with the *West Highland Free Press*, the BBC and Grampian Television. The author of fifteen books, he has received several awards, including the Bardic Crown for poetry in 2000, a Creative Scotland Award in 2001 and several Scottish Arts Council bursaries. His Gaelic novel *An Oidhche Mus Do Sheòl Sinn* was shortlisted for the Scottish Book of the Year in 2004 and was also publicly voted into the top ten of the 100 Best Scottish Books of All Time in the *List*/Orange Awards that year. In 2007 he was given a BAFTA lead-actor nomination for the Gaelic film *Seachd*.

*

Mihi nomen est . . . bha deasbad mhòr agam leam fhìn mun ainm a bheirinn orm fhìn air an leabhar seo, or tha co-dhiù ceithir ann a tha a' giùlain an eachdraidh fhèin. Mo shloinneadh – Aonghas Phàdraig Eòghainn Mhòir Aonghais Nill Aonghais Iain Mhòir 'ic Iain Tàillear, neo an t-ainm a bha mo phàrantan agus mo nàbachd ann an ceann a deas Uibhist a Deas a' toirt orm, Aonghas Phàdraig Caimbeul, neo an t-ainm litireil gramataigeach agam, Aonghas Pàdraig Caimbeul, neo an t-ainm baistidh a tha air mo chlàr-breith, Angus Peter Campbell. Ainm a tha a cheart cho cinnteach a' giùlain eachdraidh cumhachd is cànain. Tha mi ga chleachdadh aig a' cheann thall mar chòir, mar rud a bhuineas dhomh a cheart cho cinnteach – no cho neo-chìnnteach – ri rud sam bith eile.

Bliadhnachan air ais thuirt an sàr-sgoilear an Dr Iain MacAonghuis seo mu dheidhinn mo chuid sgrìobhaidhean, agus 's dòcha gu bheil na briathran aigesan cuideachd a' còmhdachadh nan raointean eadar-dhealaichte agus caochlaideach anns a bheil sinn uile beo: 'Mar a dh'fhaodar a ràdh mu sgrìobhadair sam bith, tha a dhòigh fhèin aig an ùghdar seo air an cànan a làimhseachadh. Boinidh trian dhan chainnt a tha e a' cleachdadh dhan dìleab a thàinig air o shinnsireachd ann an Uibhist a Deas. Trian eile a bhoineas do ghnàs an latha an-diugh. Agus dìreach mar a thèid trian an duine ri a ainm – a rèir dùthchas nan Gàidheal – boinidh an còrr dha fhèin gu pearsanta. Sin an trian a bhios an-còmhnaidh 'na fianais ann an sgrìobhadh de dh'inbhe sam bith air gnè agus nàdar an ùghdair co-dhiù tha ainm no tiotal ceangailte ris.' – APC